鏡頭外的林佳龍

（攝影／陳建仲）

惡水上的大橋

BRIDGE OVER TROUBLED WATER

　　二〇〇五年佳龍第一次參選台中市長選舉時，我用兩個女兒的名字各取一字，以筆名「文以崴」，義務幫他寫了一本小書，當時還搭配攝影家陳建仲拍攝的照片，書名取作《熱情的起點》，老實說，以當時政治人物文宣品的老調無趣，這本圖文並茂的書讀來還真有點「小清新」，尤其是陳建仲拍攝的照片深具人文氣息，很能把佳龍那股讀書人的氣質顯現出來。很可惜，那年林佳龍還是落選了，這本小書發行量不大，也沒發揮影響力，只能算是我對老朋友的支持，好歹還能留待他年說夢痕！

　　身為出版社發行人，老實說，當年出書內心還是有點忐忑不安，怎麼說呢？佳龍參選決定下得匆促，身為二十多年的老友，縱使我瞭解這位同學的性格為人，也相信他從政的真誠，但是，政治的染缸很容易讓人變色，我怎麼知道佳龍會不會像其他政客一般，到台中只是沾沾水，選贏就留下，選輸就拍拍屁股走人呢？我怎知道當年這個正直公義的年輕人，會不會也改變了？但事實終究證明我當初的判斷是沒錯的，佳龍在台中一蹲就是十個寒暑，他用行動證明，台中就是他的家，他的家人都在台中。這跟他青春年代不輕易許諾，但一旦說出口，就一定要做到的個性一樣，他這份重義氣、講信用的特質還是沒有改變！

　　十年過後，我很高興又要重新出版這本書，做為佳龍對選民信守承諾的見證。本書大部分還是採用陳建仲近十年來，在不同時期為佳龍拍攝的照片；部分文字也引用《做對的事，把事做對》（圓神出版，2005）及《看得見林佳龍》（2011）這兩本書。

我和佳龍相識於三十多年前的建國中學，高二時我們分在社會組同班，那時候的他就已經展現不同於一般人的領袖氣質，僅管我們那一班各自都有傲骨，誰也不服誰，卻都一致推選他做班長，所以佳龍一直都是我們那一班的領導人。當時我見他經常穿著「剪裁合身」的制服，心裏就想，他一定是富家子弟吧！我一直暗自羨慕著這種「功課好、家境又好」的天之驕子。記得曾有一天下午，下課後我們聊歷史談得太愉快了，雙方都欲罷不能，他說要讓我看本書，就邀我到他家坐坐。於是我們離開學校，穿過植物園、小南門，一直走到廣州街，進入一家小小的西服店，我才知道他家已經到了！進門後，我跟站在工作櫃檯後，穿件白汗衫，神情有點嚴肅的歐吉桑打招呼，佳龍跟我說那是他爸爸。我走進他房間，老實說，原本富家子弟的想像突然不見，原來他跟我們大多數人一樣，都是來自平凡的家庭，但這絲毫沒有減損我對他的尊敬，某種程度甚至還拉近了我們彼此之間的距離。我永遠記得那天我們談到理想，談到未來，佳龍提到他以後想從政；臉上所散發出來的那種熱情與光芒，我至今難以忘懷。我依稀記得，他那用工作桌拼湊出來的書桌顯得一塵不染，書架上擺滿書籍，每一本都劃上密密麻麻的筆記。當天佳龍熱情的留我在他家吃飯，晚餐我們擠在非常狹小，像是防火巷隔起來的小廚房裡用餐，可能是因為空間過小，佳龍的媽媽及阿姨很熱情的招呼我坐下，卻堅持要我們先吃。菜色很簡單，有一鍋大黃瓜煮的肉片湯是我喜歡的，我記得我還多喝了一碗。我親眼見到佳龍是來自一個多麼平凡的家庭，而這個平凡的家庭卻孕育出這麼優秀的小孩，從建中、台大，一直到耶魯，這不正是我們小小台灣，許多出身平凡家庭的領袖人物的縮影嗎？

　　有件事起初我很納悶，一位聽莫札特、彈蕭邦鋼琴的女生，怎麼會跟一位聽文夏、唱余天老歌的男生處在一起？兩個出身背景完全不同的人要怎麼相互吸引？林佳龍的個性冷靜慢熱；他的妻子廖婉如則熱情好客，一位熱愛歷史政治哲學；另一位熱愛音樂繪畫藝術，但這幾年下

來我終於瞭解，林佳龍和廖婉如，理性與感性，正好就是天生互補的一對，也難怪佳龍要稱婉如是他「生命中靈魂的伴侶」。佳龍重視家庭，也是一個幸福的男人，我要以泰戈爾的這句話勉勵佳龍：「不是我選擇那最好的，是那最好的選擇了我。」他的妻子、家人、選民，都選擇了他，希望他要為此託付，真誠的奉獻一生！

我對政黨並沒有特別的支持傾向，原因是台灣歷經多年轉型，我認為政治再也不應該簡單以藍綠來分別，我相信佳龍今天即便是國民黨籍，我也應該會挺身支持，有時候我們相信一個人，更勝過相信一個政黨。因此，我一直期待佳龍能跨越黨派，做一位全民的領袖，所以，每當佳龍被戲稱為民進黨「孤鳥」時，我反而會因此而感到欣慰。「群而不黨」未必不是好事，一昧討好別人的政客也未必是對的，認識佳龍多年，我太瞭解他的特質，他吃虧在政治表演上的親和力不足，有很多甜蜜的空話說不出口，雖然他努力嘗試改變，但我更相信有許多基本原則和價值，他是永遠也不會改變的。正因如此，也許有一些人不喜歡他，與其說不喜歡，不如說「不習慣」更來的貼切吧！

Like a bridge over troubled water. I will lay me down!

這首歌，曾經是我們年輕時共同熱愛的曲子，我期待佳龍成為一座越過政治惡水的大橋，橋的一邊是政治的理想與浪漫，另一邊則是政治的現實與掌握，我期待這座大橋充滿勇氣及愛，能夠打破所有的不公不義。Like a bridge over troubled water……越過政治惡水上的大橋，越過政治惡水的林佳龍，致上我最深摯的期盼，為台灣，也為我們下一代！

2014/5/20

目錄 CONTENTS

「品格是上帝跟天使對我們的認識與了解。」
——美國開國元勳 托瑪斯・潘恩

1 成功不必在我

二〇〇五年十二月三日，代表民主進步黨參選台中市長的候選人林佳龍在當晚六時四十分，正式宣布敗選，並立刻打電話向胡志強道賀。林佳龍說：「不能當市長，但會當一個好市民，繼續為台中市做出貢獻。」他還說：「這次失敗是因為努力不夠，不能符合市民的期待，既然市民已做出選擇，我就應該謙虛接受結果，並繼續為台中市的發展與進步打拚。」他強調：「在那裡跌倒，就會在那裡站起來。」最後他期盼：「希望選舉過程的紛擾與爭議可以就此告一段落，一切都回歸正常生活，大家繼續在崗位上為社會做事。」

敗選當晚，林佳龍密集的打電話給曾經在選戰中幫過忙的好友，並一一向他們致謝。有一位高中好友在電話裡跟他說：「從小到大，不論讀書、求學、工作你都算是一帆風順，我總覺得你的人生缺少甚麼，現在我終於明白了，你欠缺一次光榮的失敗！挫折是人生最重要的課題，我們都應該從失敗中學習。所以，這次敗選，無論對你，或是對未來的台灣而言，都太重要了！」

二〇一〇年，民進黨中央打算提名時任黨秘書長的蘇嘉全參選台中市長，當時已經在台中耕耘多年的林佳龍不但沒有反彈，更於第一時間表示將全力輔選。二〇一四年，林佳龍遵守黨內提名原則，與立委蔡其昌在公平的初選中出線，結果揭曉後，蘇嘉全也立即同意擔任林佳龍競選總部主委。黨主席蔡英文曾在演講時盛讚：「他們寫下了民進黨最有情有義的故事。我們要的，就是這樣有情有義的相挺。」此文在臉書

選舉挫敗，林佳龍選擇「在那裡跌倒，就在那裡站起來。」（攝影／陳建仲）

貼出後網友反應熱烈，有網友直言，希望民進黨內大老也能學蘇嘉全的「禪讓」精神，給年輕世代機會。

「只要為台中的大局好，我都會全力去支持。台中是我的家，也是我孩子生長的故鄉，我的愛、我的心、我的生命，也全都在台中。我一定要為這片土地犧牲奉獻！」林佳龍說。

品

2 裁縫師之子

　　他挽起袖子，走過驟雨過後的公園，一陣風吹亂原本整齊的頭髮，還來不及理好，一束陽光突然穿過厚厚的雲層照射下來，他抬起頭⋯⋯「喀嚓！」攝影師趕緊按下快門，似乎想設法抓住這瞬間的影像。「披頭散髮的林佳龍，真是難得一見啊，哈哈！」同行的友人轉過頭，很興奮的説。

　　是呀，中規中矩的西裝頭，縫製合身的西裝褲，正經八百地，這是許多人對林佳龍的刻板印象。在台大學運時代，甚至有人因此而認為他可能是國民黨派來臥底的「抓耙子」，因為那個時代的「學運份子」看起來不應該是穿西裝褲的呀！

　　其實，早年林佳龍家裏是開手工西裝店的，他的父母親，總是會利用客人做剩下來的布料親手為他縫製西裝褲，當年他的父母就憑著一雙剪刀，兩手空空到台北討生活。台灣有一段時間大力提倡「客廳即工廠」，對林佳龍來説，小時候的家卻完全是「工廠即客廳」，最多的時候容納過三十多人。當年，師傅學徒吃住全都在一起，入夜以後，桌上桌下隨地都有人打地舖。他那時一直搞不懂，為什麼同樣生活在台灣，台北、雲林兩地的環境卻有這麼大的差距，就像當時看到台北到處高樓林立，也總會納悶為何自己的家卻只是一座鐵皮屋。不過，童年時每次回到家鄉和玩伴遊戲，或是和那些幫他父母親做事的叔叔阿姨們處在一起，林佳龍都可以感受到一種鄉下人的「純真」。

披頭散髮的林佳龍，難得一見。（攝影／陳建仲）

成長的過程中他也逐漸了解，那樣的純真叫做「人情味」，是人與人相處之間最可貴的東西。

　　穿西裝褲的「學運份子」，穿西裝褲的「大學社長」，穿西裝褲的「裁縫師之子」⋯⋯對林佳龍來說，西裝褲帶有滿滿的「愛」與「期待」，西裝褲代表了永恆的思念與感懷。

3 民主小子

曾經有媒體以「學運大老」的身份來介紹林佳龍，其實近年來，對「野百合學運」他已經很少表示看法，在內心深處，他一直認為自己只是一個熱愛自由的「民主小子」罷了，林佳龍曾經說：

「追求民主是一輩子的事，因緣際會遇上特定的活動只是偶然。」

「政治的算計有時候很短視近利，這個國家在關鍵時刻，需要有不顧現實的年輕人，以他們的熱情及純真來衝破政治枷鎖，我想，這也是我當年參與學生運動的初衷。」

對林佳龍而言，「民主小子」其實還有另一層涵義，那就是他在每一段參與民主、研究政治學術及投身政府工作的道路上，都十分幸運的能夠遇到扶持指引的師長、前輩及朋友，在他們面前，他說：

「我真的只是一位有待學習的平凡小子而已。」

林佳龍特別喜歡美國開國元勛的歷史故事，他經常跟朋友提到約翰‧亞當斯在美國獨立時講過的一段話：

「我必須學習軍事與外交，為了讓我的孩子能學習哲學、數理和建築，也為了讓我孩子的孩子有機會學習美術、音樂與詩歌」。

林佳龍十分欽佩美國建國初期那些偉大的政治領袖，欽佩他們能夠以無私無我的大格局，共同開創出國家長治久安的大政方針，他認為

林佳龍擔任台大學生社團社長時，常被同學戲稱為神情嚴肅的「國父」
（圖片提供／林佳龍）

從政者所有的努力，都應該是要為下一代謀幸福，為此目標大家應該攜
手，捐棄成見，共同開創更美好的明天。他也認為台灣民主政治的演進
是延續的，不同政黨、每一代人都有其不可抹滅的貢獻，縱使民主演進
的過程當中有時候不盡完美，經常有不公不義的事情發生，但我們應該
還是要對台灣有信心，學習包容不同的意見，鞏固得來不易的民主體
制，讓下一代有機會在這個得來不易的民主體制上去開創更多元、更豐
富、更具活力的文化。

4 靈魂的伴侶

　　廖婉如是林佳龍的妻子，有人笑說她比自己的丈夫還有魅力，出來選舉一定比林佳龍更高票。大家都很驚訝台南「奇美世家」出身的廖婉如，竟然沒有一點富家女的傲氣。她樸實無華，就像是鄰家姐妹般親切。其實廖婉如一開始並不期待林佳龍踏入政治圈，家人也曾私下勸告他們：「走政治是一條不幸福的道路。」她的心裡當然有掙扎，曾經真正希望自己的老公只是一位平凡的教書匠或上班族，但是她知道，服務人群是丈夫一輩子的「志業」，為了愛，她必須支持自己所選擇的伴侶，她的人生為此一定要做出犧牲。偶爾，為著一些現實生活上的委屈與兩難，她會默默流下淚水，但很快的，擦乾眼淚後，她還是會為自己摯愛的人堅定走下去！

　　林佳龍常跟好友說，「婉如不僅只是我生活的伴侶、革命的同志，更是我靈魂的夥伴，我們有一種相知、相解、相依的生命關係。」

　　廖婉如回憶當年第一次見到林佳龍時的記憶：「一九九三年，我剛到耶魯的隔天早上就遇到他了。當時這位戴著深咖啡框大眼鏡、燙著頭髮，看來『聳聳』（俗氣）又很木訥的學長，實在不是會讓我一見鍾情的人。」

　　「他原本是受朋友之託，好心來帶我這位新報到的學妹，坐校園公車到宿舍的。結果一聊開後，他卻決定帶我走路逛起校園來了。我們一路走著走著，走到神學院，他就大談宗教歷史，還談到太平天國跟中國

第一個耶魯留學生的事。走到圖書館，他就聊起歌德式建築的特色，又順便帶到耶魯十幾個圖書館各自的典藏特色。走到由越戰紀念碑創作者設計的水池前，他又滔滔不絕開始談起美國和越戰的關係。

「我走到雙腿痛死了，好不容易在咖啡店坐下，原本期待他會講一些比較羅曼蒂克的事，誰知道，這位老兄又開始聊起台灣的學運。在認識他之前，我這個獨居美國的小留學生已經有八年沒有看到台灣的報紙了，所以根本不知道台灣發生了甚麼大事。聽著聽著，我慢慢對他產生欽佩之情，他那頭原本讓人看了很不舒服的捲髮，竟也好像不礙眼了。」

林佳龍與廖婉如在美國New Haven市政廳舉辦公證結婚（圖片提供／林佳龍）

廖婉如特別提到一件事，讓她觀察到林佳龍有趣的一種
人格特質：「因為在美東唸書，所以一般同學支持的球隊按
理成章都是紐約洋基隊(NY Yankees)。記得那天第一次和他
看球賽，本想說兩人一起為洋基加油應該會很好玩。那場球
賽一開始洋基是輸的，所以我們兩個不斷的為洋基加油，可
是後來洋基分數慢慢趕上來，我突然發覺，天啊！這位老兄
怎麼變成幫波士頓的紅襪隊（Red Sox）加油呢？我狠狠瞪他

一眼，他聳聳肩竟然說：『沒辦法啊，我習慣幫輸的那一隊
加油。』」

　　「天啊，全世界哪有人是這樣看球賽的？可能那時候還
在蜜月期吧，我還自己安慰自己說，這個人幫弱勢加油，的確
是個很值得許終身的人。哈哈，後來我一路觀察，真的，他
真的就是那種永遠關懷弱勢的人，他永遠鼓勵那些遇到挫折的
人，他就是這麼一位心腸很軟的傢伙！」

（攝影／陳建仲）

5 群而不黨

　　林佳龍在民進黨台中市長初選勝出後，知名評論家司馬文武曾在報上撰文表示：

　　「林佳龍的出線對民進黨的轉型有多重意義：第一、他與台中沒有什麼淵源，可說空降部隊，但他在台中一蹲十年，毅力驚人，當年和他一樣被稱為貝勒的中生代，都禁不起考驗。第二、他是留美政治博士，曾任國安會諮詢委員、新聞局長、總統府副祕書長、民進黨祕書長，在民進黨內仕途最順遂，但下決心到地方磨練，覺悟一切靠實力，不靠提拔。

　　第三、他群而不黨，在黨內獨來獨往，重視政策理念，自己主持智庫，結合各界學者專家，派系色彩較淡，所謂游系只是空殼子。第四、他嚴肅內向，平易而不近人，有如隔層保鮮膜，初次在台中選舉跌了大觔斗，後來認真超越，充滿親和力，判若兩人，他太太廖婉如相夫有方。」

　　司馬文武又表示：「民進黨台中市議員水準不差，但是胡志強很會做人，口才又佳，市議員對市政批評很多，但胡市長像棉花，大家拿他沒法度，現在民心思變，主客觀條件對民進黨都是大好機會。 台中人

林佳龍在民進黨內派系色彩並不明顯，常被稱為「孤鳥」 （攝影／陳建仲）

司馬文武（江春男）說：「林佳龍是明日之星」（攝影／陳建仲）

文薈萃得天獨厚，不論農業工業空港海港，不論氣候地理居住條件，均為全台首選，無奈在政治上相當沉悶，缺乏活力與創新。二十多年來，民進黨在台中、南投或彰化的執政紀錄都禁不起考驗，最多只能當一屆。 如今，天賜良機，看民進黨會不會抓住機會，再造大台中。 」

林佳龍一直認為，自己投身政治並不只是為了效命特定的政黨或派系，更重要的是，要服務更多民眾，具體實踐讓人群生活更美好的志願，就像社會學家韋伯（Max Weber）在〈政治做為一種志業〉、〈學術做為一種志業〉兩篇經典作品中所強調的熱情、責任、判斷力，這就是浪漫的理想主義者林佳龍的性格特色。

6 閱讀的力量

前總統李登輝喜歡讀書，林佳龍算是少數能夠與李登輝深入交談，分享讀書心得的從政人物。在兩人的交流經驗中，林佳龍深深感受到身為長者的李登輝，對年輕一輩有極高的期許。「學政治一定要多讀書，尤其是要透過人文思想的淬煉，深刻感受到做為一位政治人物該有的情感及責任。」李登輝見到林佳龍時經常這麼說。

林佳龍家中有一面很高的書牆，裏頭有他遠從美國託運回來的近兩百箱書籍，休假在家時，沉浸在書海裏閱讀、找資料，是他生活裏最高的享受。他認為讀書可以讓人胸無堆棧；心向海洋，他認為：「讀書，真是人生最大的樂趣！」

美國總統常常被記者問起最近讀些甚麼書，這並非是個無聊的提問。多讀書可以讓領導人保持頭腦的清醒，不愛讀書的領導人，卻要用什麼來填補知識的空蕪？林佳龍說，「讀書，在於養成獨立思考與批判的習慣。書是知識與經驗的累積，多讀書，不僅知書達禮，前事不忘，後事之師，對日理萬機的從政人物尤其具啟發。」

「推動全民閱讀所能產生的知識力量，將巨大到我們無法想像的地步，所以，無論我在那個崗位，都一定會重視這個問題。對我而言，推動閱讀不只是政見，它更該是一個使命！」

但是林佳龍也強調，只因為多讀點書就堆砌傲慢的堡壘，自以為是「知識菁英」而失去對老百姓的同理心、關懷情，這樣倒還不如不要讀

書。「照理『學而後知不足』，所以知識應該使人更謙卑才對。」林佳龍說。

　　身為政治學者，林佳龍一生最想做的一件事，就是編寫一套比較完整的台灣政治發展史，深刻描述台灣近百年來的政治事件及重要的社會運動歷程。他覺得實際投入政治以後，會有更多不同的角度與機會來檢視所思所學，所以，他準備六十歲以後再來動筆，相信那時候的他已經累積更多政治參與經驗，人生也有更多成長的歷練，他深信身為學者的夢想也會在那時實現。

前總統李登輝勉勵林佳龍說：「既然要拚，就應該做給大家看。」（圖片提供／林佳龍）

闊。

「星垂平野闊，月湧大江流。」

——唐代詩人 杜甫

7 海口人精神

　　維基百科對林佳龍的介紹是：〈林佳龍（1964年2月13日），雲林縣麥寮人，出生於臺北市萬華，臺灣政治人物與學者。〉除了父親出生麥寮，林佳龍的母親也來自鹿港小鎮，廣義來說，都算是台灣中部地區。林佳龍後來選擇台中做為全家安身立命的故鄉，其實是有其情感的延伸，也象徵著他重新回到生命的源頭。

　　雲林麥寮；就是人家常說的海口，俗稱「風頭水尾」。「風頭」就是海風頭一個灌到、颱風一來大家就倒，「水尾」就是濁水溪出海處、常常氾濫成災的意思，所以那是一個非常險惡的生存環境。林佳龍的曾祖父就是在海邊抓海龜時不幸喪生。

　　林佳龍雖然在台北長大，但是從小生長在一個住滿雲林鄉親的裁縫工廠裡，他聽著台語老歌＜孤女的願望＞、＜港都夜雨＞長大，也常和工廠裡當學徒的大哥哥大姐姐一起唱出思鄉的歌，其實這也是當年這些流浪到城市去，想要上進的人的心聲。

　　有人說雲林人是台灣人精神的表徵，說的就是雲林人這種「蕃薯不怕落土爛，只求枝葉代代湠」的堅韌生命力。海口人特有的熱情與忠義，也許就是林佳龍內在心裡勇氣十足，敢冒險、敢犯難，敢勇於挑戰不合理體制的原始動力！

　　由於祖父這一代經商失敗，積欠很多債務，林佳龍的父親在虎尾中學念書時經常窮到連三餐都沒辦法溫飽，因為貧困無法繼續念書，他的

幼時的林佳龍與家人的合影（圖片提供／林佳龍）

父親國中畢業後只好赤手空拳，來到陌生的台北市打拼。林佳龍記憶裏的父母親，總是一針一線、日夜不停的工作，為了兒女，默默付出無私的愛與關懷。不過，他父親卻是一位肯上進又有自信心的人，他總說自己離鄉背井、赤手空拳到外地打拼，沒有甚麼，也不怕失去甚麼，所以只要肯努力、肯打拼，總會有出頭天的機會，所以他經常勉勵自己的孩子不要怕困難，做人做事要樂觀實在，失敗就重新來過，一旦得到成功就要記得幫助那些還在苦難當中的人。

　　林佳龍常說父親給他許多影響，當年儘管物質匱乏，但他的心裡卻從沒有貧窮過，父親教育他從小就以正面積極的態度來看待人生，他認為這是他性格中最寶貴的光明資產。

8 生命的一堂課

曾經有一段時間，林佳龍對於生死議題特別著迷，他不斷思考人存在的意義，人死後到底往何處去？ 觸及這類思考的動機，其實是來自於他對大姐的思念。

林佳龍的大姐大他四歲，因為小時候父母親工作忙碌，從林佳龍有記憶以來，就是大姐在照顧他的生活起居，所以林佳龍跟大姐從小感情就很親，她就像是林佳龍的「半個媽媽」。

大姐的個性充滿愛心，一生都在為親人付出。小時候因為家裡需要人手，功課很好的大姐因此沒有繼續升學，而是選擇留在家裡當學徒。那是一條艱苦的路，也是舊時代底下許多女性的縮影。林佳龍也因此而深刻體認到甚麼叫做「犧牲」。

一九八八年五月，林佳龍跟一群「自由之愛」的朋友被台大校方懲戒，大姐跟家人就遠遠站在椰林大道的另一頭支持他。一九九○年三月野百合學運期間，大姐擔心林佳龍被抓，幾乎是天天到中正紀念堂來。大姐來並不是一定要見到他，只是要確定他當天沒事就好，她總是默默的來，默默的去。那段日子，每天總有人遞給他一袋東西，有時候是食物，有時候是乾淨的衣服。只要看到那一袋衣物，林佳龍就知道那天大姐來過了。

三月學運期間，大姐其實已經懷孕。她育有二女，一直盼望能生一個男孩。懷胎的十個月期間，大姐一直喘得很厲害，明明已經忍受不

林佳龍已過世的大姐，是他摯愛的「半個媽媽」（圖片提供／林佳龍）

住了，為了怕影響腹中的孩子，她遲遲不肯去照X光。最後連醫生都在問：「她怎麼可能忍那麼久？怎麼可能忍得住？」

　　一九九○年十一月，大姐終於如願產下一子，但是醫生也發現她已經到了癌症末期，全家沒有人敢告訴她，生與死是如此貼近。那段期間，大姐的眼神總會空空靜靜的望著林佳龍，彷彿想得到確定的答案，最後還是由他來告訴大姐實情。

　　大姐於一九九○年十二月過世；那年，她才三十歲，而她的小男孩才剛剛出生一個多月。歷經校園抗爭、學運激盪及服兵役的種種磨難，林佳龍始終堅強沈穩，情緒從不曾潰決，但是大姐的過世，卻讓他禁不住在眾人面前放聲痛哭，久久不能自己。林佳龍回想過去遭遇到困難，情緒低潮或沮喪的時刻，大姐總會讓他感受到溫暖和愛，他很傷心在大姐痛苦時自己卻無法幫忙甚麼。「人即便是擁有世間一切，面對死亡，也無法讓自己愛的人多活一刻。人生苦短，除了要珍惜所有，更應該趁有生之年多做一些無怨無悔的事，我想，這是大姐所帶給我最珍貴的生命的一堂課！」林佳龍說。

9 認養小孩的體驗

　　林佳龍唸建中高二時的歷史老師，是一位補教界名師，他想把上課的內容整理成參考書。當時林佳龍擔任班長，又對歷史很有興趣，老師就請他負責協助這件事。

　　林佳龍認為編參考書也是一個很好的課業複習機會，透過班上同學的參與，除了激發同學的熱情，更可增進同學彼此的感情，因此，經過班會投票同意後，他就積極動員許多同學一起來幫忙。沒想到這本書後來竟然成為暢銷書，老師就將十萬塊版稅捐給班上。十萬塊在當時是一筆不小的數字，應該怎麼使用這筆錢呢？於是同學們又開始討論，最後得到結論，大家決定要拿這筆錢去認養小孩。林佳龍覺得偏遠農村小孩更需要協助，所以就提議透過家扶中心，認養宜蘭壯圍、五結等地各兩個小孩。

　　「認養小孩的過程中，讓我深刻了解台灣底層社會所面對的一些問題。這裏面有不幸的婚姻，有隔代教養落差，有社會資源分配不均的悲哀，這些問題跟我們在台北所想像的完全不同，當時我就想，不公不義的確存在於我們的社會，有朝一日，我一定要想辦法去改變！」林佳龍說。

　　直到現在，林佳龍還認養五個小朋友，但多以雲嘉南偏遠地區農村為主。認養活動使他能夠持續與現在的台灣農漁村的弱勢兒童互動，讓他深刻思考台灣社會現在所面臨的問題。但他也總是能在與認養兒童互

動往返的書信中，找到單純感動的力量，林佳龍說：「其實他們只知道我叫做林叔叔，也不清楚我是做什麼事的。」

關心弱勢的行為不免跟林佳龍兒時的經驗有關，他說：「我的父親也經常會這樣幫忙來自雲林的同鄉小孩，你很難想像當年那些離鄉背井的小孩有多貧窮……我應該是受到爸爸的影響吧？」

林佳龍說：「有能力多幫助別人一點，這個社會就會多一些機會；每個世代多做一點，下一個世代就會多一些希望。」

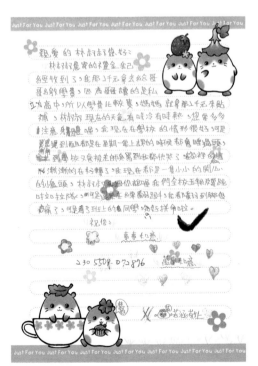

小朋友寫給「林叔叔」的信
（圖片提供／林佳龍）

10 浪漫、公義與自由之心

　　走進臺大校史館主題區，其中展示歷年來重大校園事件當中，記錄有「自由之愛與校園普選」，這個事件對後續「野百合學運」產生很深刻的影響，林佳龍親身參與以上活動，也見證台灣社會隨後幾年風起雲湧的「爭自由、爭民主」風潮。

　　一九八〇年初期，很難想像那個年代的台大校園，竟還處處存在著威權思想，為抗爭這種妨害大學自主的教條主義，無論是學生代聯會主

自由之愛與大學普選，堪稱是台灣校園民主運動的啟蒙（圖片提供／林佳龍）

席普選、廢除審稿制度等等，都可見到林佳龍帶頭參與的身影，他也因幾次較激烈的活動；而直接與校方正面衝突，險些被勒令退學。

　　一九八七年，當時已就讀台大政治系碩士班的林佳龍，率領學運人士當面向台大校長孫震提出「大學改革芻議」，但孫校長無法具體承諾黨政軍勢力退出校園，於是他們將抗爭層次拉高到立法院，「大學法修法」抗爭活動從此變成學運重要議題之一。

　　一九九〇年三月爆發野百合學運，當時林佳龍正在台中大肚山防砲部隊服預官役，只差兩個月就要退伍，算是軍中的「老鳥」。三月十八日中午，當林佳龍得知反對「老賊修憲」的學生們已經開始絕食，他研判局勢發展會激化，學生更需沉著以對，於是立即請假趕赴中正紀念堂。一到抗爭現場，立刻就有學弟妹湧上來，大家七嘴八舌，情緒十分高亢。林佳龍協助學生擬定抗爭策略，首先力求訴求的正當性。他向學生代表分析說明，「六四學運」就是因為學生意見雜沓，訴求不夠明確，最後才被模糊焦點，進而被中共趁機武力鎮壓。最後，野百合學運各校代表們經過集思廣益後，提出「改選國民大會、廢除臨時條款、召開國是會議、訂定政經改革時間表」等四大訴求。某位曾參與學運的人士表示：「當年，林佳龍的確發揮臨門一腳的關鍵性角色，他讓學生的訴求具體化，也成功凝聚各校學生共識，在這場歷史運動中林佳龍的確提供不可輕忽的戰略思想。」

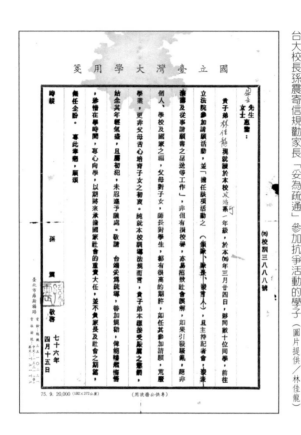

國立臺灣大學用箋

高碧玉
先生
女士惠鑒：

貴子弟 林佳龍 現就讀於本校政治系一年級，於本⑾年三月廿四日，夥同數十位同學，前往立法院參加請願活動，並「擔任糾項活動之（領隊、隊長、糾察⑴），且主持記者會，發表演講及從事請願書之呈送等工作」，非但有損校譽，亦易招致社會誤解，如果引發騷亂，殊非個人、學校及國家之福，父母對子女、師長對學生，都有很高的期許，如任其參加請願，荒廢學業，更非父母苦心培育子女之初衷。純就本校訓導法規而言，貴子弟本應接受嚴厲之懲罰，姑念其年輕氣盛，且屬初犯，未忍遽予課處。敬請
台端妥為疏通，善加規勸，俾能稍然悔悟，珍惜在學時間，專心向學，以期將來承擔國家社會的重責大任，並不負家長及社會之期望，無任企盼。專此奉懇，順頌
時綏

孫 震 敬啟
七十六年
四月十五日

(⑾校訓三八八八號)

75. 9. 20,000 (192×272公厘)　(用後番公供事)

台北市羅斯福路四段一號　電話：三六三○二三一－九轉三四一○轉一至○二一○三

台大校長孫震寄信規勸家長「妥為疏通」參加抗爭活動的學子（圖片提供／林佳龍）

　　不管是參與學運或投身政治，林佳龍心中的動力始終是來自對人群的關懷和愛，雖然有時必須採取較激烈的抗爭行動，但他反抗的目標始終不是任何「單純個人」，而是那扭曲自由民主的「邪惡意識」，或那壓迫人權價值的「宰制體制」。林佳龍心中有一種人心本善、熱愛世人的「浪漫」，但也有一種超越個人好惡，打破人間不公不義的「執著」。直到現在，這種態度仍是他參與公共事務時的基本精神。

11 美好的耶魯時光

　　林佳龍在一九九一年獲得美國富爾布萊特（Fulbright）獎學金前往耶魯大學，以七年時間先後取得碩士、博士學位。在耶魯期間，他深受政治學權威林茲教授的影響，論文則以各國「民主化比較研究」為重點，隨後他也以極優異的成績取得學位。

　　初到美國，林佳龍的英文聽力不佳，口語表達能力也不好，上課時看到同學勇於表達意見，而他卻羞於啟口，心中便覺得非常苦悶。他說：「多年參與學生運動，難免疏於課業，來到美國後重新認真讀書，也讓我體認到從政或研究的基礎還是在於要有深厚的學問。」後來，他決定以樂觀開放的態度面對自己的不足，每天都花上十幾個小時窩在圖書館內讀書，並且積極融入課堂上的討論，最後果然逐漸克服了學習障礙。

　　剛去耶魯時他住在研究生宿舍，一天要花上美金十五元買餐券，再加上其他日常花費，雖然拿獎學金，但一段時間下來，經濟負擔還是非常沉重，他不想增加家人的負擔，只能拼命節省開支。那時他曾買了一台微波爐，想利用微波加熱冷凍食品，再佐以中式醬料湊合著吃，想不到沒吃上幾週就怕了；接著他又換個菜單，利用白吐司夾罐頭鮪魚果腹，但個把月後卻是一想到吃飯就全無食慾。「在耶魯，最開心的是讀書；最苦惱的卻是吃飯。」林佳龍說。

　　為了省下剪髮的開支，林佳龍在耶魯期間是留著一頭被廖婉如笑稱為「又怪又聳（俗）」的長髮，習慣於林佳龍標準「學運西裝頭」

「聳聳」的林佳龍在耶魯時難得露出輕鬆悠閒的神情（圖片提供／林佳龍）

的朋友，也不斷對他那蓬鬆亂髮開玩笑，甚至於還有人要他就此「定型」算了，「長髮飄飄的林佳龍也不錯啊，最起碼看起來比較不那麼嚴肅。」有朋友這麼笑他。

耶魯畢竟是一間擁有悠久歷史傳統的名校，有景致美麗的校園，有藏書豐富的圖書館，宏偉的建築更具有不同年代的風格。那段與妻子廖婉如交往的戀愛時光，暫別故鄉的牽掛，沒有政治紛擾，相戀情侶一起用功唸書，偶爾手牽手逛書店，散步校園，在夕陽下喝咖啡、聽音樂，林佳龍表示：「求學耶魯，真是我們人生最美好的一段時光！」

12 憨厚的「古意郎」

　　少年時代的林佳龍，個性內向害羞，不擅言詞，有兒時朋友甚至戲稱他其實有點「娘娘腔」，那模樣很難跟後來言詞犀利的「政府發言人」、「新聞局長」、「問政第一名立委」林佳龍相比擬。

　　由於是學者出身，習慣論述說理，某種因緊張與不適應所產生的自我防衛表情，使他在媒體面前容易讓人產生距離感，曾有記者說林佳龍形象太過拘謹，欠缺一點放縱的「人味」。其實瞭解林佳龍的人都知道，私底下他是一位「古意郎」，雖然不太會表達內在情感，有時候的確少了些「老練」的交際手腕，不過他還是很努力地想把內在的真誠示人。對此，廖婉如則強調：「我不希望佳龍從政後；變成是一位我不認識的『假仙』，我寧可他永遠保有一份赤子之心，就算因為這樣子偶爾吃一點虧也無所謂。」

　　一位認識林佳龍多年的老友這麼說：「其實他的改變真是太大了，尤其是到台中以後的這些年。我以前總覺得，他連跟民眾握手這麼簡單的動作也都做得很生硬，但是現在你看看，他跟陌生市民那種自然親切的互動，簡直就像脫胎換骨一般。政治人物還是要接受歷練！」

　　他的這位老友又說：「林佳龍的問政風格還是比較沒有娛樂效果，有些話還是說得不夠甜咧！ 不過老實說，許多政治人物的那種表演方式還是很假啦，要記住，你可以欺騙少數人於一時，但你不可能欺騙多

林佳龍也曾經是浪漫寫詩的純真少年（照片由林佳龍友人提供）

數人於永遠，政治人物實實在在的，還是比較重要啦！」

「我還是比較喜歡林佳龍努力做自己！」這位老友這麼表示。

從政者難免有角色扮演的無奈，站在舞台上，時時刻刻「看人」同時也被「別人看」，而且經常是被用「放大鏡」看，但若深入觀察走入人群的林佳龍，會發現他其實還是一個很溫柔敦厚、很「古意」的台灣郎。

林佳龍其實是一個很「古意」的台灣郎（攝影／陳建仲）

石。
砳

「我對個人英勇名聲的渴求，超過世上一切！」

——英國前首相 邱吉爾

13 熟悉美日中的聯合國研究員

　　很多人以為林佳龍早年搞學運，後來又加入民進黨，對中共或中國這個體制國家一定欠缺認識或瞭解，事實上，一九九八年取得耶魯政治學博士學位後，林佳龍就申請去聯合國大學高等研究所擔任研究員，在日本期間，林佳龍從事亞太安全與中國研究，深入研究中國這種超大型國家的永續發展，內容包括經濟成長、人口問題、環境保護、綠色GNP等，這個經驗對他後來到國安會工作，有極大助益。這段期間，林佳龍還曾與中國國務院民政部和科技部的人士合作研究，也與王丹、王軍濤、胡平、嚴家其、陳一諮等海外民運人士交往，他也曾經透過在哈佛、耶魯舉辦的「台灣與中國問題研討會」，邀請各地中國學者與會，這些研究學者，有的後來被中共選擇進入政府體系工作，在決策上擁有一定的權力和影響力。

　　一九九四年，中國民政部基層政權司接受美國福特基金會委託「村自治與基層選舉」調查，在那個兩岸交流還不算是很頻繁的年代，林佳龍就以參與或督導研究計劃的名義到過中國很多次。一九九五年後他又接受美國福特基金會邀請陸續前往北京、天津、上海、南京、武漢等大都市考察，這些中國研究經驗讓他獲益良多。二〇一三年林佳龍接受中國新聞評論社訪問時曾經表示：「民進黨不需要傾中、反中，而是要知中，提出一個讓美國、全世界接受，以及對內說服台灣內部經濟選民的中國政策。」他又表示：「民進黨的新中國政策，包括正面交往和擴大民主兩部份，不管中國設什麼前提民進

林佳龍曾在位於東京的聯合國大學從事亞太安全與中國研究（攝影／陳建仲）

黨都要接觸，不管間接、直接都可以互動，民進黨應進一步反守為攻。」面對中國，林佳龍展現的是一種比較具有自信的態度，這也許跟他早期曾經深入研究中國問題有關。

當年在推動「北美洲台灣研究會」時，林佳龍也曾與日本學界建立關係，赴日擔任研究員期間，他就身體力行與當地各領域的人互動，這些緊密的互動關係直到今日還持續著。所以，有政治觀察家表示；出身美國耶魯，與日本政界友好，又熟悉中國問題的林佳龍，的確是台灣未來不可忽視的政治明星！

14 最年輕的國安諮詢委員

　　因為長期研究台灣民主轉型與兩岸關係，在美日兩國都有豐富的「智庫」人脈，再加上李登輝時代曾有國安幕僚經驗，陳水扁當選總統後不久，就正式延攬當時年僅三十六歲的林佳龍擔任國安會諮詢委員。當時政黨甫輪替，敗選的國民黨支持者無法接受「變天」，一度群起包圍李總統官邸。所以，在那政權剛移轉的一百天內，情勢極度緊繃，持不同立場的民眾每天都可能面對面爆發衝突，而美國與中國表面上按兵不動，檯面下卻不斷過招，其中過程只能以「驚濤駭浪」來形容！

　　幸好天佑台灣，那段期間僅管表面上國政紛亂，社會秩序動盪不安，但實際上大多數台灣人民還是選擇冷靜理性面對結果，新舊政府之間還是很有秩序的成立一個穩定政權的交接小組，歷經此過程的林佳龍，對台灣人民集體民主意識產生更高的欽佩。他經常提到政治領袖要「相信台灣，相信人民」，其中有很大的信念即來自於當時的感動！

　　「我何其有幸，在年紀尚輕的時候，就能夠親身參與並且見證國家政權的移轉，相信這對我未來的從政之路，一定會產生非常深遠的影響。」林佳龍說。

　　有人戲稱國安會幕僚是一群「沒有臉孔」的官員，只能默默無聞的為國家奉獻，不過有幾位到後來竟成為家喻戶曉的政治人物，當中最有名的例子，應屬在李登輝主政時代與林佳龍同在國安會共事過的民進黨主席蔡英文。

很多人十分訝異，年紀輕輕就擔任國家重要職務的林佳龍，照理說是「政治高層菁英」，怎麼會願意到民間去接受基層選舉的洗禮？他又怎麼受得了台灣草根選舉那種「拼命十三郎」般不眠不休的折騰？而且他越戰越勇，來台中一蹲就是十年。對此種種疑問，林佳龍表示說：「民主政治的責任承擔應該要從基層開始，而施展抱負的機會最好是由人民來賦予。民主要打破上層下層，社會不該分天龍地虎，所以我一定要直接爭取人民的託付，人民才是我真正的老闆！」

李登輝時代的重要國安幕僚是一群「沒有臉孔」的官員
（圖片提供／林佳龍）

15 勇於改革的新聞局長

　　林佳龍在新聞局長任內推動了有史以來幅度最深、影響最廣的改革,當年幾項重大政策,包括公共廣電集團的規劃、廣播頻譜重劃、振興國片、有線電視頻道重整等,都符合社會的高度共識,他的改革理念讓民間或是學界開始注意到他。

　　其中,「無線電視公共化」的改革尤其具有里程碑的意義。其實電波頻率原本就是公共財,但是早期國民黨政府來台,電視媒體都在黨政軍的把持之下,時代變遷,現在民意普遍支持無線電視民營化,林佳龍在局長任內,除了順應社會潮流推動民營,更用心讓媒體發揮「公共化」的特性,協助成立客家電視台及亞洲僅有的原民電視台,讓少數族群也能有傳達觀點的管道。

　　同時,林佳龍也考慮到觀眾收看節目的習慣,他提出「有線電視定頻化」的概念,將特定頻道及適合大眾收看的頻道分別集中,避免不適宜的羶色腥內容及疲勞轟炸般的電視購物廣告過度干擾家庭收視的單純愉快。

　　新聞局的主要任務還包括國片政策。對於比較爭議性的題材,林佳龍採取尊重藝術創作的態度,排除政治考量,全權交付評委會進行專業評斷。蔡明亮的電影《天邊一朵雲》便是在其任內一刀未剪,完整在台上映;這樣的審查模式,也為台灣電影制度樹立了典範。

改革是一條不能回頭的路（圖片提供／林佳龍）

　　有人說林佳龍擔任新聞局長的政策規劃非常「政治正確」，也有人說他是「體察時勢，擅用民氣，想為自己的形象添加進取色彩。」林佳龍認為政務官順應民意是天經地義的事，老百姓自有雪亮的眼睛，絕非政客所能隨意矇蔽。政策規劃只要在大方向上符合人民期盼，實際執行時兼顧正當性及合法性，過程出現的爭議要不斷進行溝通，但該做的事還是要做。「政策一定都要面對支持與反對的力量，如果想兩邊都想討好，到最後一定都不討好。」他認為即使面對質疑或反撲的壓力，政務官還是要有為政策辯護到底的勇氣，選擇逃避或輕言放棄，都不算是盡到責任。

　　至於當年辭去新聞局長的心路歷程，林佳龍說：「思考事情緣由，衡量情勢演變，我很快的就做出判斷，該承擔的，我一肩挑起；該跳脫的，我毫不猶豫。只要沒有做出對不起良心的事，不需辯解，一切都可以放下！」「我只能不斷提醒自己要一直保持清醒，做對的事，把事做對！」

16 中國問題

　　一般咸認林佳龍因具備國際視野及美日中政界學界關係，所以他不僅僅只是被定位在【地方諸侯】，因此，凡有關兩岸動態及國際關係的演變，世界各地不同的媒體記者也經常會主動訪問他；以取得第一手觀點資料。這當中又以「兩岸關係」、「中國問題」最受人矚目。林佳龍表示，中共雖對「民（進黨）共對話」設立了「放棄台獨」、「九二共識」等前提，但民進黨的主張是階段性並非停滯不前。民進黨一九八七年提出的「台獨黨綱」、一九九九年提出的「台灣前途決議文」、二〇〇七年提出的「正常國家決議文」，都可見證民進黨的「中國政策」並不是永遠只停留在一個時間點，民進黨隨時都可以根據這三個文件，再創造出一個與中國對話的新空間。

　　林佳龍指出，民進黨不要害怕與中國交流，況且台灣內部也已經形成民進黨要和中共交流的民意基礎，民進黨要跨越國共障礙，不能因中國給民進黨一個天花板就跳不開。中國提到的「台灣獨立、九二共識、一個中國」，都可以有不同定義，「為什麼民進黨要接受中國的定義；或某一個時間的定義呢？民進黨不應逃避這個問題。」

　　林佳龍表示，經過七次修憲，台灣到底是一個什麼「國家」？而這個「國家」又該如何跟中國打交道？兩岸關係，李登輝解釋是「特殊國與國關係」；馬英九解釋為「一國兩區」；謝長廷解釋為「憲法一中」；蔡英文說是「台灣共識」，這表示台灣民主化的「內涵」已

林佳龍認為「中國」不是台灣唯一的出路，但我們也不需「逢中必反」

（攝影／陳建仲）

經非常豐富。 他認為中共領導人要很清楚這個「內涵」所代表的意義為何？

林佳龍說，雖然現實上中共為「民（進黨）共（產黨）」政黨交流設了前提，但民進黨應知怎麼因應，並找到路徑，化被動為主動，才能開啟「民共對話」，透過「民共對話」形成台灣人民和中國人民的交流平台。他建議，民進黨可從「民主」出發，既可團結台灣又可爭取多數中國人民支持。

林佳龍認為，民進黨在立法院目前超過三分之一席次，有一定程度議題主導權，也有發言權，民進黨不應再「逢中必反」，要讓台商知

道黨的立場和彈性。尤其經過二〇一二年總統、立委選後情勢觀察，黨內應形成共識，「民進黨不需要傾中、反中，而是要知中，更能提出一個讓美日等國接受，以及對內足以說服台灣選民的中國政策。民進黨應在兩岸關係中扮演重要角色。」

林佳龍說，當前馬政府執政出現危機，民進黨更應該勇敢出擊，引領輿論，讓選民相信民進黨是一個可以解決兩岸問題的政黨。

林佳龍從事亞太安全與中國研究，曾經深入研究中國這種超大型國家的永續發展問題
（攝影／陳建仲）

17 早安，你好

　　二〇一二年，林佳龍以過半票數當選了台中市第六選區（中西東南區）的立法委員。為了盡好這份責任，當選立委後的林佳龍便將床頭鬧鐘設定在清晨五點半，即使是假日或是立院休會期間也如此。每天，他一大早就起床盥洗、打理穿著，在不驚動仍在熟睡的家人的情況下，他總是躡手躡腳的出門，「早安，你好！」幾乎是林佳龍每天開口的第一句話。

　　「老實說，我對這樣的作息時間很有意見。」廖婉如表示：「我並非不能體諒他的工作忙碌，但是每天睡眠只有四個多小時，長期來說一定會傷害身體的。」「我不想替他說是為選民服務啦、鞠躬盡瘁之類的話，他一定要睡眠充足才能維持強健的身體，我相信愛護他的選民也一定會同意我所說的，我很堅持這點。」廖婉如對朋友說。但是說歸說，林佳龍好像還是很難遵辦。

　　林佳龍也被戲稱是「高鐵通勤一族」，院會期間，他每天都要搭高鐵北上立法院開會，院會結束後，除偶爾上政論電視節目外，不論時間多晚他都會趕回台中，充分利用剩下來的時間服務選民。「選民需要你的時候，無論早晚，你一定要出現，否則你就辜負了選民對你的期待。」林佳龍說。

　　「我曾經勸他，有事太晚了就住台北，誰知道他每次仍然堅持搭最末一班高鐵趕回台中，這可不是我要求的喔！」廖婉如有點無奈的說。有朋

（攝影／陳建仲）

「早安，你好」：這幾乎是林佳龍每天開口的第一句話。（攝影／陳建伸）

友笑說這代表林佳龍做人規規矩矩，在台北沒有女朋友。誰知廖婉如聽後竟然睜大不可思議的雙眼問：「你們覺得他有這個本事嗎？」聽後大家都笑出聲來。

擔任立委以來，林佳龍總共進行了兩百四十九件的提案（還不包括參與法案連署），有五十一個法案已三讀通過，質詢政府官員共四百零三場次，如果再加上服務地方選民，你不得不說，要真正認真的做好一位立委，所能掌握的時間還真是很有限。也因此，公民監督國會聯盟連續四個會期把林佳龍列為立委評鑑的第一名，

國會第一名的立委，林佳龍。
這第一名，真是用很多努力才換來的。

18 打破「悶」經濟

　　近年來，台灣因經濟動能不足，無法創造更多就業機會，產業轉型緩慢無力，加上中國軟性經濟統戰的策略奏效，台灣因此產生邊緣化危機，面對這些困境，中央政府大而無能、束手無策，行政效率低落，因此這幾年台灣的經濟發展，只能用「悶」字來形容。

　　「自由化及國際化是避免不了的趨勢，今後台灣的經濟發展，要努力朝向區域經濟發展合作模式，以核心城市帶動地方經濟。」林佳龍認為應採行「由下而上」、「區域帶頭、中央支援」的新思維，來提出新的戰略與作法。他提到，台灣需進行第二波民主化，重新建構中央與地方的權力關係，充分落實地方自治，讓地方政府有自主性與競爭誘因，才能帶來國家經濟發展新動能，真正提升國家競爭力。他認為如果能將全台灣分成北、中、南三個區域經濟體，讓六都有機會競逐擔任這三個區域經濟體的核心城市，台灣經濟發展的新動能將因此湧現，他說：「向中國靠攏並不是解救經濟的唯一妙方，我們必須先從改造自己的資源分配做起。」

　　「台灣區域發展失衡，中央地方資源分配不均的情況到底有多嚴重？我舉個例來說明，根據交通部補助地方政府捷運建設經費來看，目前已編列的預算，台北市獨佔新台幣3,384億元，約佔全部預算的74.36%，台中縣市合併只有14.62億元，僅佔總預算的0.32%，再看看污水下水道的普及率，截至2010年2月止，台北市已達97.48%，反觀台中市，卻只有21.45%，這個數據，甚至於比許多落後國家還不如。同

以都市為主的區域經濟，將是台灣未來二十年經濟發展的關鍵（攝影／陳建仲）

樣生活在台灣，同樣盡國民義務，卻遭受如此不公平的待遇，這實在是無法讓人接受！」林佳龍說。

「為了找到理想的工作機會，許多年輕人畢業後被迫離開家鄉，集中往大台北區發展，台北物價昂貴，居住不易，年輕人生活上飽受挫折，久之對未來也產生悲觀。」林佳龍認為，讓年輕人不放棄對未來的希望，是國家不可推諉的責任，「在鼓勵年輕人重新回到家鄉找到新機會前，一定要先為區域經濟注入活水，啟動新能量。」

林佳龍認為未來中、彰、投等中部地區的發展，將以大台中為核心。換言之，大台中若能崛起，整個台灣中部地區也會趁勢而起，透過中部產業技術人才的群聚、商業創新、國際佈局，增強地方競爭力，大台中不僅可以成為台灣新都心，甚至可成為捲動台灣未來二十年經濟發展的樞紐。

毅。

「民之所欲，長在我心。」

19 以人為本

　　林佳龍常説:「每個國家都有城市,每一座城市都反映那個時代的心靈。」他認為都市的組合不應只看宏偉的建築,都市的發展也不能只求表面的經濟數據,文明城市的衡量,應該是以整體市民的心靈感受及幸福體現為指標,他説:「偉大的城市,必然也是心靈的故鄉!」林佳龍始終認為,市政應該為了打造更宜居的環境而努力。

　　「能夠讓人安居的城市,才算是美好的城市。短暫的煙火、偶然的盛宴或無根的嘉年華,都不可能撐起一座偉大的城市。有歷史,有未來,才有我們思戀的故鄉。」林佳龍説。

　　林佳龍非常強調市政建設「以人為本」的核心思想,他所倡導的「人本交通」就是基於這個理念來做規劃,他説:「台灣的馬路好像只考慮到汽車的使用方便,我經常看到行人,其中當然也包括摩托車騎士,在馬路上無路可走,險象環生。」

　　「城市的擴張如果單以汽車做為交通基礎,一定會帶來混亂、擁擠,因汽車排放廢氣所帶來的空氣污染更將導致疾病和溫室效應。」他特別舉例説明,如果仔細觀察東京各區街道的人行步道,就能發現這些步道都很寬敞,甚至還能讓腳踏車自由通行。林佳龍説:「在東京,不開車的人也能得到用路空間上的尊重及平等對待,這實在是值得我們學習。尊重用路人就是尊重市民,所以台中應該廣設人行步道,腳踏車道,再加上輕軌運輸網,我們一定要將道路使用權公平地還給所有市民。」

以人為本的城市，才能發展成偉大的都市（攝影／陳建仲）

　　根據「人本交通」的思維，林佳龍也提出「日出大台中，幸福山手線」的重大政見，讓上班族、學生、老人、婦女及身障人士等，都可因此而獲得安全、便利、舒適的公共運輸服務。林佳龍說：「當人群不再封閉於私家車內，公共交通運輸將讓人與人之間產生更多互動及接觸，也將有利於市民參與各種公民活動、公共服務，這才是幸福都市的起運點。」他又表示，透過「台中山手線」所成形的路網，周邊城鄉將

從政者所有的努力，都應該是要為下一代謀幸福（攝影／陳建仲）

自然產生「在地發展」的效應，各鄉鎮市可以展現地方特色，山海平原，將互相扶持。而在這個交通暢通的路網底下，最終影響的還是在於「人」，「人群因便捷流動而帶來互動，進一步產生溫暖與瞭解，凝聚了市民之間的共識及情感，這才是這個重大交通建設背後最有意義的改變。」林佳龍說。

有一位在台中工業區工作數十年的台中市民表示：「我很認真看過林佳龍為建設大台中而寫的《城市夢想家》（幸福綠光出版，2010年），老實說，我有點迫不及待，真希望他能早一點當市長，讓台中早日邁向我想看到的未來！」

以人為本的交通規劃，以人為本的市政考量，說明林佳龍不是關在象牙塔裏閉門造車的「夢想家」，他投身公共服務，他熱愛人群，他觀察細節，他有夢，他築夢踏實！

20 環境永續

　　林佳龍曾多次赴韓國首爾考察，首爾感動他的，不是辦過奧運賽事及世界盃足球賽，更不是宏偉傲人的超高建築；而是清溪川、首爾市政廳及東大門設計廣場暨公園等生態環境建築，這些獲得公民參與的公共綠建築，融合了歷史、人文、環保及科技，充分顯示出「以生態為主，跟自然共存」的城市治理新觀念。林佳龍說：「首爾的綠建築，讓我回憶起當年在耶魯求學時曾經對建築的熱愛，也喚醒我對幸福城市的原始感動。」

　　清溪川的整建，讓首爾免去噪音、混亂及汙染，讓悠長的小河重新與市民一起共同呼吸。再看看首爾新市政廳，它與市民文化相關的領域約占總建築面積的38%，其中包括公共圖書館、環境廣場、天空廣場等等，所以首爾新市政廳真可謂是「市民的市政廳」，它完全不是「官署」辦公、閒人免進的傳統疏離景象，充分展現出「市民主義」的城市性格，不僅如此，新市政廳還採用大光罩來降低照明需求，裝設龐大的太陽能發電設施，並以雨水廢水循環回收來調節冷暖氣，部分舊館甚至於採用地熱來調節室內溫度。相對來看，首爾東大門設計廣場暨公園則巧妙融合了後現代及最新科技建材元素，充分展現一座創新都市的無限可能，將城市的美感昇華到最璀璨的境界。

　　林佳龍說：「韓國曾遭遇經濟崩潰，也曾度過痛苦的民主轉型期，近年來與大國之間的相處；也逐漸找到自信與應變之道，但是別忘記，韓國經濟發展最快速的時候，也是她與大國之間關係最不睦的時刻，這

其間包括盧武鉉時代的韓美關係冰凍，李明博主政時的韓中關係冷淡，直到朴槿惠上任後的今日，韓日關係仍是紛爭不斷。這顯示韓國並未因經濟發展的需要而在政治主張上任人宰制……韓國的崛起絕非偶然，她與台灣實在有太多相似之處，他山之石，可以攻錯，無論我們是否喜歡這個國家，韓國還是有許多值得我們學習的地方！」

　　不論是「以生態為主，跟自然共存」，或是「以市民為主，跟城市共生」，我們追求的都應該是一個環境永續、生存永續的法則，林佳龍總會這麼說：「這是我們的責任，讓我們一起勇敢去承擔！」

善用綠色科技，才能確保環境永續（攝影／陳建仲）

21 在遺憾中找到大愛

　　二〇一二年元月五日，距離立委選舉投票日不到十天的時間，外電突然傳來一則不幸的悲劇，這則消息也迅速成為國內各大媒體版面的頭條：兩名到日本讀書的台灣女學生在宿舍內遭到殺害；其中一名女學生在台灣的家，就在距離林佳龍台中住家不遠處。

　　悲劇剛發生時，林佳龍原本就想前往慰問家屬，卻擔心在那個時刻出現在受害人家中，很可能會被媒體抹黑扭曲為「作秀」，畢竟這在當時是則佔據各大媒體頭條版面的重大社會新聞。選舉一結束，這條新聞也逐漸被媒體淡忘，他立即請妻子廖婉如到受害人家裏致意，並儘可能提供協助。不像一般政治人物點到為止的態度，林佳龍更進一步去了解這個案件所突顯的其他問題。他發現，根據台灣當時的「犯罪被害人保護法」規定，它能保障包括外國人在內，所有在台灣境內的犯罪被害人；然而，任何國民如果不是在台灣管轄的國土內受害，將無法得到任何保障及補償，這突顯了台灣法律上的嚴重缺失。林佳龍就任立法委員後，立即提出修法，要求所有在台灣境外受害的國人也能比照在境內的保障及補償，本案立即得到許多委員的認同支持，為紀念以生命換取法令修正的受害者，本法條也以其日文名字「百合」命名。二〇一二年九月，立法院迅速三讀，終於通過了「百合條款」。這原本是一件讓所有父母都感到悲傷的事，藉由林佳龍的穿梭協調，總算找到一些反省與改革的能量。

　　二〇一三年元月五日，在兩名女學生遇害一周年的日子，林佳龍在

台中文英館舉辦了「百合條款音樂會」，以音樂來追思受害者，同時也盼望不要再因人命的犧牲，才喚醒政府在法令或行政上的反省與改革。林佳龍也幫忙其中一位受害女孩的繪畫遺作得以公開出版發行，並由作者家屬捐出所有的版稅給予家扶中心，受害者家屬說：「生命無價，現在只盼能把她們的愛傳出去！」

　　「面對悲傷，還是要找到正面的力量。我很欽佩「百合條款」受難者家屬願意化悲傷為大愛，他們也給予台灣社會一個勇敢站起來的力量。」林佳龍說。

受難者的遺作《尋找開心城堡》，充滿純真與熱情
（圖片提供／秀威少年）

22 艱苦人的自信與尊嚴

身為單親媽媽的台中市民鄭惠甄，長期獨力扶養2名女兒及因洗腎導致雙腳截肢的父親，十幾年前她發現自己患有母性惡細胞腫瘤，之後癌細胞擴散，相繼出現子宮癌、大腸癌、骨癌、淋巴癌、胃癌等。

「我已經夠苦了，為何癌症還一直找上我？」曾經有很長的一段時間，她都在沮喪中度過，還曾想不開，想了結人生。兩年前，因為開刀及化療需要龐大的費用，鄭惠甄找上立委林佳龍服務處，請求協助申請低收入戶補助及急難救助，林佳龍得知她的辛酸後，除了協助她找到相關社會資源外，還鼓勵她試著做點小生意改善家裡的經濟，勉勵她不要失志，要勇敢活出自己。

鄭惠甄就這樣開始做起手工餅乾的生意，並透過網路上販售，因為料好實在頗受歡迎，儘管因骨癌造成第四及第五節的龍骨創傷無法久站或久坐，但在兩個女兒的協助下，鄭惠甄雖靠著做餅乾，竟然還能勉強維持生計。

兩年來她把盈餘的一半捐給公益團體，還曾贈童書及外套給偏鄉的弱勢學童，做這些事的動力；回想起來正是當初林佳龍曾經鼓勵過她的話：「妳要快樂的活，將來才能幫助更多人。」

彷彿得到重生的鄭惠甄，後來又在台中市南區開設手工餅乾實體店，開幕當天林佳龍還親自到場幫忙促銷，鄭惠甄帶著感恩的心表示：「我曾經一再經歷癌症的打擊，如今都能站起來了，希望癌友們也要

要快樂的活，才能幫助更多人（攝影／陳建仲）

勇敢抗癌，盼大家都能保持好心情，迎接美好的未來。」林佳龍說：「這過程真的很不簡單，絕不是我們想像中那般容易度過。她教了我一課，這是面對人生挑戰的重要課題。」

因為童年生活經驗，林佳龍對於「艱苦人」的感受特別深刻，他說：「如何讓不幸的人能夠在苦難中找到信心，在沮喪中找到愛，在困頓中找到的尊嚴，這是所有從政的人都要念茲在茲的責任承擔。」

（攝影／陳建仲）

23 文化是城市的根基

　　林佳龍是奇美集團前董事長許文龍的外甥女婿，他深得許董事長的信任，因此奇美博物館新館籌建的許多重大決策他都曾親身參與。奇美博物館新館位於台南都會公園內，是由台南縣政府與臺糖於2003年簽訂合作開發協議書，由臺糖公司提供100公頃為合作開發區，由台南縣政府集中取得回饋捐贈的40公頃土地。台南都會公園博物館（奇美博物館新館）則由奇美實業捐資15億元興建，佔地9.5公頃，為一棟地下一樓地上二樓的建築，博物館於2008年12月動工，並已於2012年5月17日正式捐贈給臺南市政府。

　　在奇美博物館籌建過程中，林佳龍經常思考文化藝術要如何永續經營的問題，不論就法規、行政作業或執行細節，他都曾提出許多創見，他希望能夠借助這些經驗，來做為大台中文化建設的參考。林佳龍競選市長的政見之一，就是促成台中「大都會歌劇院」，能升格成為國家級的「台中國家歌劇院」。他要求文化部評估國家級交響樂團未來應在台中國家歌劇院駐館，除此之外，他還協助文化部推動成立「藝術銀行」，讓產業與藝術結合。林佳龍說：「歷史可以喚起市民對城市的認同，藝術可以改變城市的性格，所以，『城市是文化的容器』這句話非常有道理。」

　　除了文化活動，從國小開始就熱愛手球的林佳龍，一直以來都是一個運動的愛好者。他在二〇〇九年組織「台中龍」慢速壘球隊時，就

是想替台中運動的推廣發展貢獻心力。「台中龍」慢速壘球隊傳承早期台中「金龍少棒隊」的精神，「台中龍隊」的總教練是當年遠赴美國威廉波特，勇奪少棒賽冠軍的嘉義朴子隊投手陳昭安，他迄今仍保有單場十八次三振「完全比賽」的投球世界紀錄。「台中龍隊長」則由林佳龍擔任，隊員都是來自台中市各界愛好運動人士，各行各業都有。

捐贈奇美博物館（台南都會公園）是許文龍董事長兒時以來的夢想
（攝影／林泰隆）

林佳龍笑說：「『佳龍』的台語發音正巧與電影《KANO》相似，希望我將來有機會能夠為台灣棒球的永續發展做一些事；也期盼大家在運動場上能夠不分彼此，充分發揮『不要想著贏，要想不能輸』的KANO精神。」

　　在參與棒壘球的運動中，林佳龍更能體會到人生最重要的做事力量：「team work」。他舉例說，籃球名將林書豪個頭和體能並不出色，之所以能打得如此出色，也在於擅長組織團隊，強調有個Lin system。單打獨鬥很脆弱，政治人物不能完全依靠個人魅力，林佳龍強調團隊精神，強調「鬥陣」；他非常珍惜團隊在一起打拼，為共同目標奮鬥的美好感覺。林佳龍說，「政治上所謂團隊，指的不是小圈子政治，也不是派系小團體，而是領導人發揮知人善任，為達到共同目標而不分彼此的一群工作夥伴。」

選舉過程好比是進行一場發揮團隊精神的球賽（攝影／陳建仲）

有歷史有文化，才有我們思戀的故鄉 （攝影／陳建仲）

「我一定要拿出台中一尾活龍的精神，重現台中金龍隊當年的豪情
及魄力，以輸人不輸陣的團隊精神，為全隊市民打一場好球！」

24 熱情的起點

　　在密集的拜訪行程中，林佳龍隨時會被熱情的支持者包圍，有人大老遠的就對他揮手微笑，也有人不多言語的對他點頭打招呼，支持者自然流露出期許與託付，民眾情感的表現總是如此真實而不做作。

　　「走在台中街道，每當汗流浹背、疲憊不堪的時刻，總會有人為我加油打氣，哪怕是輕輕拍拍我的肩膀，哪怕是一閃即過的鼓勵眼神，都會使我重新燃起奮鬥的熊熊烈火！」林佳龍説。

　　「尤其是跟選民握手的一剎那，眼神交會那一瞬間，真是會有一股電流貫穿全身，那是一種託付，是一種勇敢承擔的鼓舞，我始終相信用手是可以傳遞真情感的。」

　　「從一位很單純的研究學者、在政府工作的人員，一直到服務選區的民意代表，經過這許多年，我必須説，台中鄉親真是教我太多東西！」

　　「台中市帶給我生命極大的改變，在山上、在海邊，在都市、在鄉村，遇到的每一位善良鄉親，每一句真情流露的話語，在在都讓我深深覺得，我對這些鄉親同胞都負有嚴肅的責任。」林佳龍説。

　　台灣就像一位母親，默默教導自己的小孩，讓他們面對挫折，勇敢前進；面對民意，學習傾聽，她讓從政的小孩從當初的純真感性，快步走向理性成熟，最後能夠勇敢的捍衛自己的家園。

這就是民主的可貴；可貴的民主！
這就是台灣的選擇；台灣的機會！

「民主！台灣！民主！台灣！
　　　　　　我願意用一生去捍衛！」

而這就是林佳龍從政的初衷，熱情的起點！

捍衛得來不易的民主，台灣是我們永遠的家園！（攝影／陳建仲）

(攝影／蔡宜璋)

奇美博物館的圓頂尖端，是集團創辦人許文龍臨摹自法國雕塑家路易‧巴里亞斯（Louis Ernest BARRIAS, 1841-1905）〈名譽之寓言〉（The Allegory of Fame）、取材自義大利人文主義之父佩脫拉克著作《勝利》（The Triumph）中六大勝利的「名譽之勝利」，象徵名譽的天使左手高舉桂冠加冕、右手持有號角，代表著榮耀、光輝之意象，期望以文化力啓動台灣的新未來。

PC0413

 鏡頭外的林佳龍

作　　者	文以崴
攝　　影	陳建仲
執行編輯	鄭伊庭
圖文排版	李孟瑾
封面設計	Fefe Lee

出版策劃	釀出版
製作發行	秀威資訊科技股份有限公司
	114 台北市內湖區瑞光路76巷65號1樓
	電話：+886-2-2796-3638　傳真：+886-2-2796-1377
	服務信箱：service@showwe.com.tw
	http://www.showwe.com.tw
郵政劃撥	19563868　戶名：秀威資訊科技股份有限公司
展售門市	國家書店【松江門市】
	104 台北市中山區松江路209號1樓
	電話：+886-2-2518-0207　傳真：+886-2-2518-0778
網路訂購	秀威網路書店：http://www.bodbooks.com.tw
	國家網路書店：http://www.govbooks.com.tw
法律顧問	毛國樑　律師
總 經 銷	聯合發行股份有限公司
	231新北市新店區寶橋路235巷6弄6號4F
	電話：+886-2-2917-8022　傳真：+886-2-2915-6275

| 出版日期 | 2014年7月　BOD一版 |
| 定　　價 | 180元 |

Printed in Taiwan

國家圖書館出版品預行編目

鏡頭外的林佳龍 / 文以崴作. -- 一版. -- 臺北市：釀
出版, 2014.07
　　面；　公分.
BOD版
ISBN　978-986-5696-23-8（平裝）

783.3886　　　　　　　　　　　103009772

讀者回函卡

感謝您購買本書，為提升服務品質，請填妥以下資料，將讀者回函卡直接寄回或傳真本公司，收到您的寶貴意見後，我們會收藏記錄及檢討，謝謝！
如您需要了解本公司最新出版書目、購書優惠或企劃活動，歡迎您上網查詢或下載相關資料：http:// www.showwe.com.tw

您購買的書名：_____

出生日期：_____年_____月_____日

學歷：□高中 (含) 以下　　□大專　　□研究所 (含) 以上

職業：□製造業　□金融業　□資訊業　□軍警　□傳播業　□自由業
　　　□服務業　□公務員　□教職　　□學生　□家管　□其它_____

購書地點：□網路書店　□實體書店　□書展　□郵購　□贈閱　□其他

您從何得知本書的消息？

　　□網路書店　□實體書店　□網路搜尋　□電子報　□書訊　□雜誌
　　□傳播媒體　□親友推薦　□網站推薦　□部落格　□其他_____

您對本書的評價：(請填代號　1.非常滿意　2.滿意　3.尚可　4.再改進)

　　封面設計____　版面編排____　內容____　文／譯筆____　價格____

讀完書後您覺得：

　　□很有收穫　□有收穫　□收穫不多　□沒收穫

對我們的建議：_____

_____

_____

_____

11466
台北市內湖區瑞光路 76 巷 65 號 1 樓

秀威資訊科技股份有限公司　　　收

BOD 數位出版事業部

┄┄┄┄┄┄┄┄┄┄┄┄┄┄┄┄┄┄┄┄┄┄┄┄┄┄┄┄┄┄┄┄┄┄

（請沿線對折寄回，謝謝！）

姓　　名：＿＿＿＿＿＿＿＿＿　年齡：＿＿＿＿　性別：□女　□男

郵遞區號：□□□□□

地　　址：＿＿＿＿＿＿＿＿＿＿＿＿＿＿＿＿＿＿＿＿＿＿＿＿＿

聯絡電話：(日) ＿＿＿＿＿＿＿＿＿＿＿　(夜) ＿＿＿＿＿＿＿＿＿＿＿

E-mail：＿＿＿＿＿＿＿＿＿＿＿＿＿＿＿＿＿＿＿＿＿＿＿＿＿